This Autograph Book Belongs To:

THE FUTURE BELONGS TO THOSE
WHO PREPARE FOR IT TODAY.
~MALCOLM X

★ ★ *Autograph* ★ ★

★ ★ *Autograph* ★ ★

★ ★ *Autograph* ★ ★

★★ Autograph ★★

★★ Autograph ★★

★ ★ Autograph ★ ★

★ ★ Autograph ★ ★

★ ★ *Autograph* ★ ★

★ ★ Autograph ★ ★

★★ *Autograph* ★★

★★ Autograph ★★

★ ★ *Autograph* ★ ★

★★ Autograph ★★

★ ★ *Autograph* ★ ★

★ ★ Autograph ★ ★

★ ★ Autograph ★ ★

★ ★ *Autograph* ★ ★

★ ★ *Autograph* ★ ★

★ ★ *Autograph* ★ ★

★ ★ *Autograph* ★ ★

★★ Autograph ★★

★★ Autograph ★★

★ ★ *Autograph* ★ ★

★ ★ Autograph ★ ★

★ ★ *Autograph* ★ ★

★ ★ *Autograph* ★ ★

★★ Autograph ★★

★★ Autograph ★★

★ ★ *Autograph* ★ ★

★ ★ *Autograph* ★ ★

★★ Autograph ★★

★ ★ *Autograph* ★ ★

★★ Autograph ★★

★ ★ *Autograph* ★ ★

★★ *Autograph* ★★

★ ★ *Autograph* ★ ★

★★ Autograph ★★

★ ★ *Autograph* ★ ★

★★ *Autograph* ★★

★ ★ Autograph ★ ★

★ ★ *Autograph* ★ ★

★ ★ Autograph ★ ★

★ ★ *Autograph* ★ ★

★★ Autograph ★★

★★ Autograph ★★

★ ★ Autograph ★ ★

★★ *Autograph* ★★

★ ★ *Autograph* ★ ★

★★ *Autograph* ★★

★ ★ *Autograph* ★ ★

★★ *Autograph* ★★

★ ★ *Autograph* ★ ★

★★ *Autograph* ★★

★ ★ *Autograph* ★ ★

★★ *Autograph* ★★

★ ★ *Autograph* ★ ★

★ ★ Autograph ★ ★

★ ★ *Autograph* ★ ★

★ ★ *Autograph* ★ ★

★ ★ *Autograph* ★ ★

★ ★ *Autograph* ★ ★

★★ *Autograph* ★★

★★ Autograph ★★

★ ★ Autograph ★ ★

★ ★ *Autograph* ★ ★

★ ★ *Autograph* ★ ★

★ ★ *Autograph* ★ ★

★ ★ *Autograph* ★ ★

★★ Autograph ★★

★ ★ *Autograph* ★ ★

★ ★ *Autograph* ★ ★

★ ★ *Autograph* ★ ★

★★ *Autograph* ★★

★ ★ *Autograph* ★ ★

★★ *Autograph* ★★

★ ★ Autograph ★ ★

★ ★ *Autograph* ★ ★

★ ★ *Autograph* ★ ★

★ ★ *Autograph* ★ ★

★ ★ Autograph ★ ★

★★ Autograph ★★

★ ★ *Autograph* ★ ★

★★ *Autograph* ★★

★ ★ *Autograph* ★ ★

★★ Autograph ★★

★ ★ *Autograph* ★ ★

★ ★ *Autograph* ★ ★

★★ *Autograph* ★★

★★ Autograph ★★

★ ★ Autograph ★ ★

★★ *Autograph* ★★

★ ★ *Autograph* ★ ★

★★ Autograph ★★

★ ★ *Autograph* ★ ★

★ ★ *Autograph* ★ ★

★ ★ Autograph ★ ★

★★ Autograph ★★

★ ★ *Autograph* ★ ★

★ ★ *Autograph* ★ ★

★ ★ *Autograph* ★ ★

★★ *Autograph* ★★

★ ★ *Autograph* ★ ★

★ ★ *Autograph* ★ ★

★ ★ Autograph ★ ★

★★ Autograph ★★

★ ★ *Autograph* ★ ★

★★ *Autograph* ★★

★ ★ *Autograph* ★ ★

★★ Autograph ★★

★ ★ *Autograph* ★ ★

★★ Autograph ★★

★ ★ Autograph ★ ★

★★ Autograph ★★

★ ★ *Autograph* ★ ★

★ ★ Autograph ★ ★

★ ★ *Autograph* ★ ★

★★ Autograph ★★

★ ★ *Autograph* ★ ★

★ ★ *Autograph* ★ ★

★★ *Autograph* ★★

★★ *Autograph* ★★

★★ Autograph ★★

★ ★ *Autograph* ★ ★

★ ★ *Autograph* ★ ★

★★ Autograph ★★

★ ★ Autograph ★ ★

★★ Autograph ★★

★ ★ Autograph ★ ★

★★ Autograph ★★

★ ★ *Autograph* ★ ★

★★ *Autograph* ★★

★ ★ Autograph ★ ★

★★ *Autograph* ★★

★ ★ *Autograph* ★ ★

★★ Autograph ★★

★★ Autograph ★★

★★ Autograph ★★

★ ★ Autograph ★ ★

★ ★ *Autograph* ★ ★

★ ★ Autograph ★ ★

★★ Autograph ★★

★ ★ *Autograph* ★ ★

★ ★ *Autograph* ★ ★

★ ★ *Autograph* ★ ★

★★ *Autograph* ★★

★ ★ *Autograph* ★ ★

★ ★ *Autograph* ★ ★

★ ★ *Autograph* ★ ★

★★ *Autograph* ★★

www.ingramcontent.com/pod-product-compliance
Lightning Source LLC
LaVergne TN
LVHW060153080526
838202LV00052B/4147